JN418853

슬로시티
Slow City

한용재 시집

문학의전당

차례

1부 슬로시티

2부 땅끝에 서다

3부 파석破石

4부 철탑 십자가

5부 인생

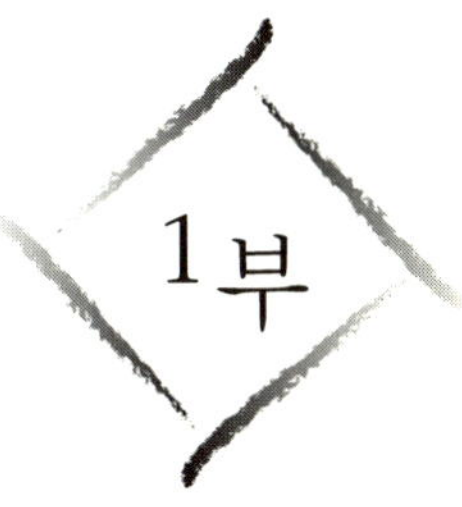

슬로시티

봄 편지

여인네 앙가슴마냥
움퍽 들어간 이 산골짜기에
어머니 품속마냥
보드라운 너럭바위 위에 누워
지나는 뭉게구름에 소식을 적고
싱글거리는 꽃-보라에
들썽한 이 마음을 실어나 볼까?

봄은 아마도 내 소식을 기다리고 있는가 보다

배꽃 피는 마을

오라비 그립던
고향 마을에는
4월이면
어른 키도 안 된
다 자란 배나무에 배꽃이 피어오른다
그리운 속 닮은 하얀 자태가
해넘이 산허리에 비춰 붉은 빛으로 물들이고
어마씨 기억 속에 하나씩 움켜 쥔
바구니 안으로 봄꽃이 자란다
하나하나 꽃망울마다 청실 황실
함께 보듬어 자리를 잡았다
깊은 속살
향긋한 냄새에
포동포동 속이 꽉 차 인사를 건네고
산 아래 첫 동네
연기 구덕엔
배알 같은 아이들
맞이하는 연기가 무럭무럭 피어올라
산부리 깊은 이곳에
산에서 나고 지고

향긋한 꽃지짐에 동무를 부른다

슬로시티Slow City 1

바람이 불다 이곳에 다다르면
한번 쉬었다 가려고
숨을 참는 곳
산-골창 깊은 속까지
시간을 넉넉히 셀 수 있어
모두가 스르릉-스르릉

구십 넘은 할-어버이 논꼬에 물을 대고
마디 갈라지고, 손바닥 살거죽의 금도
세월 속에 지워져
뭉툭한 두 손으로 논밭에 김을 매며
가지 말라고 천천히 스르릉-스르릉

매봉산 아랫마을 어귀에
수백 년 잠을 자려고 누운 늙은 돌담들이
바람을 품에 안아서 함께 재워 버리는 곳
숲정이에 사는 숲 쥐도
토담집 흙벽을 뚫어
천장에 둥지를 틀고
단잠에서 깨어나지 말라고 천천히 스르릉-스르릉

모든 것을 제자리로 돌려놓아
한반도 태양 아래에
시간이 멈춰
생각도 쉬었다 가고
행동을 뒤로 하여 숨을 참았다가
힘껏 앞으로 나아가는
세상에서 가장 행복한 섬

그곳은
청산도靑山島라네

슬로시티Slow City 2

잎이 지고 탈색된 가로수의 겨울은 빨리 찾아왔다
차가운 냉각수 사이로 얼음이 녹아내린다
플라타너스, 양버즘나무는 거리 위에서 숨을 쉬기 위해
숨구멍을 열어 놓는다
이파리 구멍 속 작은 애벌레의 꿈틀거림에도
마음을 주지 않았지만
지난해 가로수로 새로이 심겨진 나무들은 자라지 않았다
가을 거리마다 악취를 풍겨온 은행나무들도
하늘을 향해 이젠 두 팔을 벌리지 않았다
사람들의 잰걸음 사이로 아이 하나가
몸을 기대어 가만히 귀를 붙여 소리를 듣는다
나무는 이젠 그만 놓아달라고 한다
가지에 붙은 산소 호흡기를 떼어 달라 한다
아이는 두 손으로 나무를 강하게 누르며
그것도 부족한지, 등으로 부비며
심폐 소생술을 한다
줄기 속 산소는 밖으로 점점 새어나가고
키가 자라지 않은 아이의 모습이 되어간다
천천히 아주 천천히 숨을 아껴 다가오는
나무들 사이로

자라고 싶은 녹색의 즐거운 상상이
스며 나오고 있었다

거세去勢

처음 어머니 자궁 속에서 지낼 때
그냥 걱정 없이
잘 지내기만 하였습니다
세상이 무엇인지
누구를 만나며 어떤 대화를 할지 그냥 편안히
아무런 생각 없이 넘어오는 음식만 먹고
영문도 모르게 밖에서 살아갈 살만 찌웠습니다

아홉 달하고 반을 지내고
어머니 힘에 밀려 밖으로 나왔을 때
두 다리가 아닌 네 다리로
살아가는 법을 익혔습니다
배가 고파 울기만 하면
그러면 먹을 것이 나왔습니다

이곳이 어머니 품 안과
전혀 다르다는 것을 알기 시작하였을 때
네 다리가 아닌 두 다리로 부지런히 뛰어다녔습니다
남에게 손가락질 안 받으려고
생존하는 법을 배우기 시작하였습니다

때로는 그때가 그립습니다
그러나 다시 돌아갈 수 없는
이미 지나온 길
그냥 추억만 하며 가끔씩 꿈속에서나마
위로를 얻습니다

못밥

봄 끝 무렵에 찾은
온 마을 대사날
모판에서 모를 가져다 논에 심고
날일꾼을 사서 정갈하게 갈아 놓은 밭에도
토실토실한 볍씨가 뿌려집니다

오늘도 모를 심다가 점심때 논두렁에 앉아
못밥을 먹었습니다
하얀 쌀밥에 단맛 나는 향기
이제 막 담은 총각김치에 버무려
한입에 넣으려는 순간
갑자기 옆에 계신 아주머니 하신 말씀에 목이 콱 막혀 왔습니다

봄에도 추수가 있어라
긍께 그 추수는 그냥 추수가 아니여
논 갈아 엎어불고 땅속에서 푹 썩어불게 하는 거름추수여
그 농사가 검나게 중요한 거여
이 뱁은 보통 뱁이 아니여
뱁이 그냥 모만 심그면 되는 것이 아니랑께

다 이것도 진짜거름이 있어야 되것드랑께
논바닥 갈아 엎어불기 전에
뭐시냐믄 하늘씨앗 뿌려분 자운영 뱁이여
그것이 안 썩고 거름 안 되불면
단맛도 안 나제라

오늘도 나는 논두렁에 걸터앉아
씨앗 뿌려준 하늘에 감사하고
아짐씨가 밥그럭에 퍼준
작년 자운영 썩힌 뱁을 맛있게 얻어 처묵었습니다

남산에 오르다

새벽 1시에
서울 남산에 오르면
한꺼번에 1200만 명을 만날 수 있다
검은 색종이에
손톱에 낀 때만큼 작고 반짝이는 빛깔 있는 색종이를
찢어 붙여 놓았다
1200만 개의 색종이
색깔이 달라
한데 모아놓으면
하나의 이글거리는 불덩이가 된다
뜨겁지도 않고 타서 없어지지도 않는 불꽃이 오르다
아침이 되면 점점 꺼져버려
하나의 색으로 통일이 된다
회색빛
하루 종일 한 가지로 풀어져 있다가
밤만 되면 여러 가지 색깔로 채색을 한다
시집 온 색시처럼 단장을 한다
빛깔 있는 사람다운 사람을 만나러
일부러 새벽 1시에
서울 남산에 오른다

그곳에 가면
한 가지 모습으로 살아가지 않아도 된다
외로움을 느끼지 않아서 좋다

봄, 추억 그리고 탄생

음력 정월 둥그런 밤하늘에
보고 싶은 이의 모습이 새겨진
백옥 같은 보름달이 뜹니다
늘 그렇듯이
만삭의 기쁨은 잠시 뒤로하고
기울어져 감으로
쓰러져 감으로
뱃속에 있는 생명의 태아가 쑥-
하고 빠져 나올 때면
이곳에도 봄이 찾아 올 것입니다

오래된 기왓장 같은 기억들
한 장 한 장 뜯어내어
대문 앞 개울가에 다리를 놓아 건너면서
함께 놀던 글동접의 이름을 하나하나 불러봅니다
지금은 폐교된 교실 옛 자리에는 소담스레 피어오른 봄 꽃
뿌리가 깊은 민들레꽃 한 묶음이
저만치 서서
바람에 잘게 부서져 부름에 대답합니다

조금만 더 기다리면 돼
아주 조금만
무너진 교실 천정 구멍 위로
둥그런 달이 차올라갈 즈음에
흩어졌던 글방 아이들도 한데 교실에 모여
속다짐하며 서로 웃게 될 날이 곧 올 것이라고…
너무 아쉬워 말라고…

지금은
찌그러져 있는 달만 달이 아니라고 말입니다
푹 꺼져있는 배만 배가 아니라고 말입니다

서머타임

5月 아직은 시작인가?
한차례 뜨거운 열병을 앓고 난 후
붉게 드러난 젖가슴과 같은 흙덩어리는
겨우내 저장한 양분을 모두 증발해버리고
긴 빛줄기를 무심하게도 늘여 놓았다
핏기 어린 눈망울로
고해苦海 속에서 허우적거리는
아스팔트 위 무생물들의 잔치
아파트 콘크리트 담벼락 사이로
검푸른 태양이 슬며시 기어 다니며
말라-비틀어진 가라지를 흩어 뿌린다
야간범죄, 에너지 소비
생체리듬 파괴, 쾌락, 충동적 소비 증가
뜨거운 입김으로 바람을 일으키고 일으켜
마지막 남은 한 방울 수분마저 가져가 버리고
이곳은 푸석해진 건조한 일상을 또다시 맞이한다

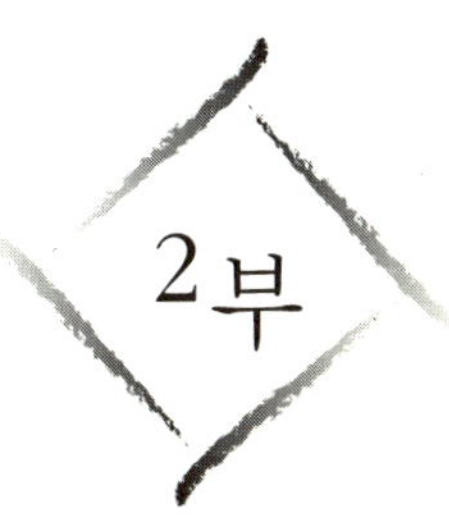

2부

땅끝에 서다

노두길

하루에 바닷물이 두 번 밀려와 갯벌바닥을 쓸고
내려가고 난 후에는
바다 위, 섬과 섬 사이는 긴 흔적이 생겨난다
점점이 박힌 다릿돌 아래
부유하다 뒤로 남겨진 찌꺼기들의 피난지
그 위에 남아 있는 섬사람들의 흔적들
즉석에서 해부되어
내장만 파내고 버려진 패각貝殼들의 무덤
젊은 여자부터 늙은 과수댁 할머니들이
머리를 풀어 헤치고
껍데기만 남아있는 식탁 위의 연회에서
생의 마지막 잔치를 베푼다
다리를 건너면 다가올 피안彼岸의 장막
작년 소금장수 배 영감은
등짐을 지고 이 길을 건너 염전鹽田에 묻혔다
바다 위 살아 있는 것들은 호흡하지 않는다
다만 한동안 이곳에서 살았다는 흔적을
묻어 놓고 갈 뿐이다
갯벌 위에는 사람의 호흡이 묻어있다
그리고 그 위에는 죽은 패각들이 모여 만든
오래된 노두길이 있다

빙해冰海

누군가 말했지
바다는 염분이 많아 결코 얼어본 적이 없다고
아니 얼 수가 없다고
넓고 깊어 얼기도 전에 따뜻한 남풍이 불어온다고
그래서 얼지 않는다고 말했지

그러나 난
지금 얼어붙은 바다 한가운데
길을 잃고 서 있는데

이곳에서 기다리고 싶다

영하 10도, 20도, 30도…
1도씩 내려갈 때면
극지방의 생물들도 바다 밑으로 가겠지
뜨겁게 솟아오르는 갈라지는 바다, 지진 구멍 틈으로
용암이 흘러나오는 곳
부유하는 먹이를 찾아 살아 있음을 확인하려고
마음 설레는 여행을 떠나겠지

얼지 않는 생生을 찾아
1미터씩 내려갈 때마다
지불되는 심장을 짓누르는 무게를 참으면
춥지 않는 따뜻한 곳으로 이동하겠지

아! 언제쯤이나 올까? 이 바다에서
수억 년 전 꼭 5번만 찾아 왔었다고 하는
그 간빙기間氷期는…

관경선觀鯨船

장생포 물때를 찾아 들어오는 고래는
물돼지 돌고래에서 북방한계선을 지나
내려오는 15미터가 넘는 귀신고래까지
물 밖에선 20톤이 넘는 무게가 종이처럼 떠다닌다
등줄기 숨통으로 물줄기를 뿜어 올리고
비상하는 가벼운 새처럼
물결을 세차게 가르는 물수제비같이
수면 위를 날아다닌다
거령스러운 어부들의 날렵한 눈매를 슬슬 피해 다니는
멸치 떼거리와는 다르게
고래는 바다 위 어느 누구를 보아도
어떤 상대를 만나도 조금도 긴장하지 않는다
자기보다 큰 놈은 보지 못해서 바다의 제왕이다
헤엄치는 데로 부딪치는 데로
물살을 거슬러 바다에서 탐욕스러운 인간의 냄새를 몰아낸다
그래서 육지가 싫어 수천만 년 전 사지四肢 다리를 떼어내고
넓디넓은 바다를 선택했나 보다
좁은 땅 덩어리에서 호흡하는 것이 답답하여서
천 길 바닷길로 미끄러져 나왔나 보다

해마다 겨울이 되면
장생포 앞바다에는 수많은 섬들이 생겨났다
사라져간다

땅끝에 서다

전남 땅끝이 꼭 해남만 가리키겠습니까?
완도, 보성, 장흥, 강진, 마량면
그 어느 곳에 서 있어도 땅끝에 서 있습니다

사람의 발길이 닿는 곳
그곳에서
넓고 푸른 바다만 보여도
살아온 세상의 토말土末에 서 있습니다

수천 킬로를 날아와
여기까지 찾아 온 객客을 부르는 소리
나와 함께 세상의 이곳으로 찾아와 갯벌에
둥지를 튼 바다비오리가
울어주고 웃어주고
삶의 끝자락에 서 있는 손님의 마음에 장단을 맞춥니다

겨울이 되면 땅끝 바닷가에는
해태海苔를 거두는 사람들의 바쁜 손놀림으로
가을 내내 사람 모습도 찾아 볼 수 없는
세상의 끝자리에서

생生의 소리를 듣고 기지개를 폅니다

비록 객客으로 와
의탁할 곳이 없지만
땅끝에서 만난 정겨운 사람들로 인해
이 겨울이 마냥 춥지만은 않을 것 같습니다

소라 껍데기

천 길
바닷길

속을 헤매며

이름 없는 파도에
휩쓸려
바닷가
모래 위로
세상 구경하러 왔네

천 리
타향 길

굴러 굴러

만나는 사람마다
알맹이 빼주고
이름 모를 아이에게
몸뚱이마저 내주고

어느 한적한 바닷가
모래 위에서
흘릴 눈물도 없이
소리 내어 울고 있네

섬 1
–마른장마

소싯적 한동안 머물렀던 곳
어느 외딴 섬에서는
좁아터진 쇠불알만 한 땅덩이에서 뭐가 그리 서운한지
보름 사이로 두 명이 마른장작 패어나가듯이 죽어 나갔다
멀리서 뵈는 모래밭
사람의 하얀 머리숱을 닮아 백도白島라 불리지만
지금은 죄다 빠져 버리고
해안선을 따라 죽은 바지락 껍데기들만 너부러져 있다
만선의 기쁨을 누렸던 것도 언제인가?
밑창이 구멍 뚫린 흉물스러운 폐선들만이
조용히 섬을 지키고 있다
이웃집에 살았던 칠순 노파는
젊어서 아들과 남편을 바다에 묻었고
삭신이 쑤셔대고 뼈마디가 해풍에 녹아나
건질 것도 없는 시커먼 펄에 나가
늙은 몸뚱이를 쑤셔 박아 놓지만 역부족이다
섬에는 물이 귀하다
숨이 막히고 마른 섬은 더 이상 먹을 것을 주지 않는다
썰물 시간에 개펄에 나가보지만 그곳에서는 민물이 나오지 않는다

악에 받쳐 부러진 손톱으로 죽은 펄만 벅벅 긁어댄다
구멍 뚫린 하늘 위에서 뜨거운 햇빛이 쏟아져 내린다
사람들 마음에 구멍이 뚫려 있다
그 구멍에 담겨있는 물마저도 말라버렸다

섬 2

-기우祈雨

비가 찔끔 나리고 바로 그치는 날에는
마음도 개운치 않습니다
제대로 기세가 오른 장마는 아직 지나지 않았습니다
뒷산 방죽에 물이 차려면 찔끔 나리는 비로는
어림도 없습니다
쉼 없이 나리는 비라야만 차고 넘쳐
논고랑에 흘러 넘쳐 나리는 비라야만
한여름을 날 수 있습니다
금방 나리고 그친 비는 비가 아닙니다
논두렁 밭두렁은 우리네 밥그릇입니다
먹어도 먹어도 다시 채워지는 어머니 밥그릇입니다
그 밥그릇이 깨끗이 비어 있습니다
여전히 밥그릇은 물을 달라 보챕니다
물을 한 바가지 우물에서 길어다 채워 놓으면
논두렁은 맛있는 밥을 계속해서 지어냅니다
비가 오지 않으면 밥이 나오지 않습니다
금방 나리고 그친 비는 그릇에 담아낼 수 없습니다
장대 같은 아버지 굵은 마디진 손가락 같은 비가 나려야 합니다
나리고 나려 대문 앞 개울가에 가득 차야 합니다

강줄기를 깊이 패어 끊임없이
생명의 젖이 흘러 넘쳐 나와야 합니다
비가 나리면 강아지도 좋아하고
대문 앞 참깨 밭, 이제 막 영그는 참깨들이
기뻐 소리칩니다
토도독-토도독 입 벌리며 떨어지는 물을 받아먹습니다
찔끔 나리는 비 말고
마음 깊은 곳까지 후벼 파
쓰레기까지 바다로 흘려버릴
그러한 비가 오늘도 나려주기를
집 앞 산 중턱 위에 올라가
먼 구름을 하염없이 바라만 봅니다

선창에 묶여 있는 배

밤새 선창 부둣가엔 거센 풍우가 들이닥쳤다
바람에 찢겨 나가고 비에 흠뻑 적셔
한순간에 선창은 나신이 되었다
파도는 계속해서 배를 보며 어서 가자고
재촉을 하며 흔들어대지만
떠나지 못해 묶여 있어
초조한 모습으로 울고 있는 배
그리고 생각 하나

멀리 떨어져 있는 흔들리는 바다에선
흔적 없이 사라져만 가는데
친구를 부르는 소리
모래바닥에 부딪혀 부서져 가는
애타는 부름
소리가 들린다. 조용히 묻어만 가라고
아니, 왔던 흔적조차도 몰아치는 파도에
지우고 가라고 몸은 붙들려 흐느적거리면서
마음만은 가고 싶어 아쉬워하는
애달픈 생각 둘

바다에 버려둔 잡념들이 파도에 밀려
해변에 쌓여만 간다
가끔 바다에 이는 폭풍우는
해저 밑 깊은 곳에 잠들어 있는
찌꺼기들을 다시 불러들인다
무섭게 비바람이 해변에 들이닥칠 때면
무수히 쌓여만 가는
버려야 할 생각 셋

선창에 묶여 흔들리는 배는 무슨 생각을 그렇게 많이 하며
마음을 잡지 못하는지 파도는 이미 알고 있다

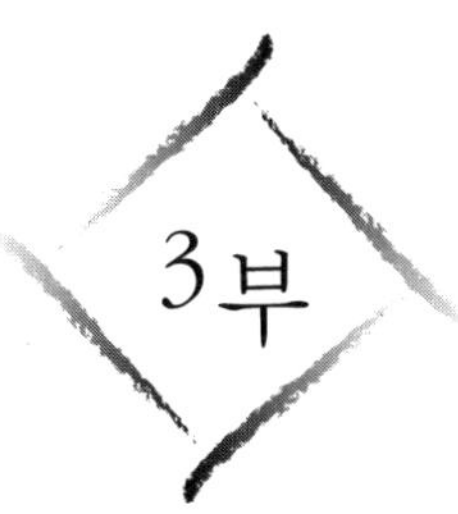

파석破石

파석破石 1

그렇게 쉽게 부서질 것 같았으면
오만한 혈기를 부리지 말고
태어날 때부터 연한 몸을 가지고
부드럽게 살았을 것을
단단한 그 삶의 끝이라도
잘게 부서지지는 않았을 것을
이제는 과거의 굳은 삶은 미련 없이
지워버리게나
흔적 없이 깎아져 내리고
부서져 흙먼지가 되어서
한세상 잘 살다가 땅에 묻히는
고운 몸 잘 썩어갈 수 있도록
친한 벗이 되어주게나

파석破石 2

단단한 몸짓으로 수천 년을 지금까지 버텨왔다
가끔씩 세차게 때려내는
채찍질에도 마음 한번 주지도 않았는데
눈길 한번 흘리지도 않았는데
세월은 비껴가지는 못하나 보다

이제는 모두 버리고 나누어주어야 할 때
혼자 그 일을 하기 차마 어려워
누군가의 손에 빌려
굳은 몸뚱이가 요절을 한다

사방으로 흩어지는 세월의 살점들
작게 부서지고 각이 지든
동글하게 부서져 가든
더 이상 혼자 살아가는 것을 포기하라고
작게 서로 얽히고설켜 더 단단하게
서로의 손을 잡고 흔들리지 않는 믿음으로 살라 한다

그리고
늦은 밤 철로를 지나는 열차가 편히 갈 수 있도록 길목을 지키라고

머리 위로 쏟아 부어지는 시멘트와 함께 조용히 묻혀 있으라고
돌이 깨어지는 소리
하룻밤 긴 진통을 통해 쌍둥이 아이를 몸 밖으로 내어놓는 여인의 소리

역전다방

송정리松汀里역 바로 앞에는 오래된 정다방情茶房이 있다
다방에는 역마살이 끼었는지 새벽에서 밤까지
35년을
수없이 많은 손님들을 그렇게
비둘기호, 통일호, 무궁화호 열차에 태워 보냈다

역 앞을 지켜오던 백 년이 된 소나무는 이미
발목이 잘려 어느 집 목탄 난로의
불쏘시개로 들어갔는지
그 생사조차도 알 수는 없지만
늘 그렇듯이
마담이 계란을 솔솔 풀어 타주는 쌍화차 한 잔이 생각날 때면
목포를 지나는 길에 일부러 내려 다방의 계단을 오른다

이곳은 심장과도 같은 곳
주철로 만든 혈관을 사방으로 길게 늘여놓았다
뜨겁지도 그렇다고 빨갛지도 않는
정情이라곤 찾아 볼 수 없는
거무튀튀한 녹이 슨 피가 흐르는 곳이다

산다는 것은 열병과 같았던 옛 고로高爐의 기억은 지워버리고
점점 식어져 퇴색되어 굳어져 가는 것
뼈 사이 구멍이 숭숭 뚫려 살바람에도 사그라져 가는 것

그래도 이곳에 오면

한강 이남에서 살아가는
허섭스레기 같은 붉은 이층 벽돌집을 거쳐 간
역말을 갈아타고 언제 올지 모르는 낯선 이들에게
마담의 손을 만지작거리면서 심장이 쿵쾅거리고
인생이란
잠시 주접을 떨면서
기다림, 헤어짐, 체념이라는 것을 가르쳐준다

*정다방情茶房 : 어렸을 때부터 지금까지 35년 넘게 그 자리를 지키고 있다.

매일 운동회

지하철 위로 아이가 지나갑니다
지하철 아래로 노인이 지나갑니다
9개 노선
일곱 가지 무지개 색깔에 분홍색 황토색
9개 색깔을 그리고 달리기 시합을 합니다
하루에 4시간만 자고
쉬지 않고 달리기 시합만 합니다
지하철 달리기 시합은
시작하는 시간부터 끝나는 시간까지
째깍 째깍 일초도 안 틀립니다
지하철은 할아버지 긴 곰방대
빨간 담뱃불만 반짝이고
전선을 잡고
전기를 맛있게 먹고 달립니다
용산에서 광주 가는 고속철도는
사람 보기가 싫으면 창문 밖만 보면 됩니다
지하철은 서로 마주보며 달리기 시합만 합니다
건너편 창문을 통해서만 밖을 볼 수 있습니다
사람 얼굴은 보지 않으려 해도 저절로 보입니다
그러다 시선이라도 마주치면

서로 모른 척, 아는 척, 부끄러운 척, 자는 척
일등도 없고
꼴등도 없습니다
그냥 마음마다 색깔 있는 선을 그어
매일 열심히 달리기만 하다 내립니다

소 팔던 날

미국산 쇠고기 수입 반대 촛불 집회가 열릴 무렵인가
아버지는 말없이 애지중지 키우던 암소 한 마리를
낡은 1톤 트럭에 옮겨 실었다
굵은 등허리가 휘어지도록 주인을 위해 충성을 다했는데
각박한 살림에 보태라고 송아지까지 낳아 주었는데
살았던 날들을 커다란 눈망울 속에서 다시 돌아보며
앞으로 되어질 모든 일들을
마디 굵은 아버지의 손에 모든 것을 걸어 잠가
마지막 작별인사를 가족들에게 하고 문밖 여행을 떠났다
논밭을 누비며 농꾼의 시름을 달래준 화려했던 옛 경력도
긴 꼬리표에 새겨진 한 단어로 대신한다
도–축–용
무심한 저녁 해가 지붕을 타고 기어 넘어간다
이제 그만 그 자리에서 내려오라고 낯선 이방인의 고함 소리에
먹다 남은 여물 찌꺼기 통에 똥파리가 앉아 오줌을 싼다
당당하고 오만하기가 그지없었던
두 뿔의 기세는 그만 오도독 꺾어져 남의 집 밥상 위에 올라가
붉은 선지로 둥둥 떠올려 바쳐진다

소는 벌써 집을 떠날 때가 되면

실컷 주인집에서 부려 먹다가

가난한 서민들의 비틀어진 위장이나 달래려는 헤어짐이라는 것을 안다

녹두綠豆 예찬

수천 리 육로를 따라
이곳까지 숨어 들어온 녹색의 꿈이오
콩이나 팥으로도 부를 수도 없어
8월 뙤약볕 아래 노란색 꽃을 피워
그 자태가 고운 듯 씩씩하오

본디 그 성격이 한여름 서릿발 내리듯이
차가우지만 본심은 그것이 아닐 것 외다
갓 시집온 새색시처럼 가만히 있어도 단내가 나고
평생 독기를 품지 아니하고
백 가지 응어리진 사람의 심독心毒까지 달래주는
필경 마음씨 바른 의인의 모습을 닮았을 것 외다

푸른 씨앗 알맹이를 가만히 들여다보고 있노라면
오돌오돌하게 생긴 것이 꼭 죽음도 두렵지 않는
다부진 장부의 모습과 같고
화병으로 도진 이 마음을 한번 다스려보라고
믿고 맡길만한 듬직한 벗과 같소이다

콩이나 팥으로도 부를 수 없는 것이

어찌 그리 사람의 심병을 잘 달래주는지
가까이 두고 한번 지내봄직 이 어떠한지?

미디어 가족

네 식구가 텔레비전 앞에 앉아 드라마를 봅니다
그 시간만큼은 진지합니다
서로 말없이 앉아 있다가
네 식구가 텔레비전 안으로 들어갔습니다

네 식구가 라디오 앞에 앉아 음악을 듣습니다
그 시간만큼은 즐겁습니다
서로 귀를 틀어막고 혼자만 듣고 있다가
네 식구가 라디오 안으로 들어갔습니다

네 식구가 영화관에 앉아 영화를 봅니다
널따란 공간에서 좁다란 캄캄한 의자에서 혼자 봅니다
서로 본체만체 눈만 뚫어지게 스크린만 보다
네 식구가 스크린 안으로 들어갔습니다

네 식구가 각 방에서 인터넷을 열심히 합니다
모니터 전자파를 한 몸에 받습니다
불러도 대답도 안 하고 모니터 안에서 열심히 말하면서
네 식구가 인터넷 바다로 아바타를 만나러 들어갔습니다

네 식구가 따로 따로 누워 잠을 잡니다
천정만 뚫어지게 쳐다봅니다
하나 둘 눈이 감겨
네 식구가 오늘 보았던 드라마 속으로
들었던 라디오 속으로, 스크린 속으로
오늘 만났던 아바타와 함께 꿈나라 여행을 떠났습니다

수몰된 꿈

어머니가 내 손을 잡아 이끄십니다. 어서 오라고
무작정 앉아만 있지 말고 어서 내려오라고만 하십니다
여기만큼 좋은 데가 없다 하십니다
그러나 내려갈 수 없습니다
어머니, 내 몸에 질경이 꽃이 활짝 피어올라
수면 위 구석구석을 헤집고 다닙니다
생각이 납니다
어렸을 적 꿈을 키우던 그 나무 밑이 아직도 생각이 납니다
작은 비석을 세우고 뛰어놀던 그때는
아직 저 깊은 물길 속에 새겨져 있습니다
호수 밑바닥에는 사람이 살고 있는 듯합니다
지금은 갈 수 없는 곳 이따금 장맛비가 내리지 않고
그 해를 걸러 가기만을 바라는 불순한 생각도 듭니다
바싹 메마른 강바닥이 하얗게 드러낼 즈음에는
아직도 그곳 높다란 상수리나무 아래에 묻혀 있는
내 꿈도 다시 환히 살아날 수 있을까요?
봄에는 부지런히 씨를 뿌렸습니다
뿌려진 씨앗은 겨울을 넘지 못하였습니다
겨우 한해–살이 같이 살다갈 짧은 삶이었는데
언제나 저 밑에 뿌려진 씨앗이 결실을 보게 될는지

바람이 불어옵니다
깊은 물길 속 어머니의 마을에도
찬 물바람이 불어옵니다

땅 보탬

돌마낫적 어린아이 시절이 있었지요
기억 저편에 누워 살아온 세상의 수數를
한번 세어봅니다
뒤를 돌아보니 그때는 참으로 무딘 마음으로
시작을 한 것 같습니다
지금은 그래도 돌아갈 곳이 있다는 것만으로도
마음이 설렙니다
그곳에서
조용히 땅에 엎드러져 있으면 되겠지요
그러다 비를 만나면 온몸을 적시우고
뜨거운 햇볕을 만나면 한 조각 한 조각
육신은 그렇게 썩어 들어갈 것입니다
먼 훗날 누군가 내가 누운 이곳에 찾아와
조용히 흙과 함께 누워있는 내 몸에 대고
이름 석 자라도 불러주면
그래도 나를 찾아온 그 정성이라도 고마워
흙먼지를 말끔히 털고 그 자리에서
말없이 일어날 거외다

영정사진

영정사진을 찍었다
이 세상 떠날 때 부끄럽지 않게
보는 사람 마음이라도 가볍게 잘 찍어주소
한마디 부탁의 말을 하고
갓 차려입은 새 신랑처럼
곱디고운 가르마를 한껏 치켜세워 멋도 내보고
이순耳順을 바라보며
세상의 물욕도 모두 벗겨내어
이미 알 것을 다 알아버린 친절한 동네 사진관 아저씨에게
얼굴을 맡겨 살아 나가야 할 선택마저도
저울대 위에 올려놓았다
살면서 어디 한 점 의혹도 없을까?
얼굴에 있는 세미한 주름까지도 잡아
사진 속에 묻어버리고는

기뻐해야 할 일이 생겨도 웃지도 못하고
슬퍼해야 할 일이 있어도 울지도 못하고
그렇게 약속한 시간이 액자 속으로 잡아 가두었다

4부

철탑 십자가

어린 아이와 같은 마음

어른 하나가 장돌 하나를 집어 들었습니다
마당에 놓인 우물가에는 누런 풀꽃이 피어났습니다
장돌 하나를 우물 아래로 힘껏 내려 던졌습니다
풍-덩 떨어지는 물소리에
깜짝 놀란 우물물은 금방 뿌연 흙탕물이 되어버립니다

어린 아이 하나가 작은 돌멩이를 집어 들었습니다
장독대 밑, 이제 막 뒷다리를 집어넣은 청개구리 한 마리가 쳐다봅니다
돌멩이 하나를 우물 아래로 힘껏 내려 던졌습니다
퐁-당 떨어지는 물소리에
깜짝 놀란 우물물은 금방 웃으면서
아이의 모습을 동그란 쟁반 위에 담아놓습니다

어느 날 아침의 의문

(관념적 깨달음)

새벽 아침 기도회를 가기 위해
이슬이 누워 잠들어 있는 길을 따라 걷다가
문득 생명의 물받이를 흔들어
흐느적거리면서 기지개를 켜고 있는 들꽃을 만났다
겨우내 두꺼운 껍질을 벗고 하얀 속살을 만났다는 즐거움도 잠시
어린 들꽃을 겸허히 맞아들여
사상이 죽고
무지無知가 집도하는 수술대 위에서 부활을 경험한다
누구도 모르는 탈출
돌무더기 하나를 쌓아 양羊을 잡아 태워 거룩한 제사를 드리고
순결한 양수羊水를 받아 세상 밖으로 나왔다
추악하고 볼품없는 무녀리 같은 모습을 벗겨내고
창조의 씨앗만큼은 간직한 채
출산의 오르가슴을 느끼며 일어나려는 몸부림과 같다
낙원을 잃어 쫓겨난 인간의 역사는
간단없는 이야기 속에 던져진
죽음과 삶의 경계를 가르는 방조제防潮堤인가?
아니면

그 속에서 매일 반복되는 대수술을 거쳐
거듭나는 역사의 성형인가?

참된 거울

거울아! 거울아! 세상에서 제일 예쁜 거울아!
거짓말할 줄 모르는 정직한 거울아!
영원히 깨어지지 않고
사람의 속내까지 훤히 알게 해주는 것이 세상에서 무엇이니?

십자가十字架…

십자가를 통해 세속을 본다
십자가를 통해 사람의 마음을 본다
십자가를 통해 일당 5만 원 잡부 일을 하는 폐병 걸린 정씨 아저씨의 인생을 본다
십자가를 통해 남편 일 나갈 때 이웃집 바람난 아줌마의 피곤한 하루를 본다
십자가를 통해 버림받아 지친 아이의 마음을 본다
십자가를 통해 나쁜 어른들의 모습을 본다
십자가를 통해 거리에서 죽어가는 사람을 본다. 병원에서 치료받는 사람을 본다
십자가를 통해 추한 자, 누가 깨끗한 자인가를 본다
십자가를 통해 누가 울고 있는지를 본다

십자가를 통해 누가 양심에 화인을 맞아 부끄러운 줄도 모르고 웃고 있는지를 본다
십자가를 통해 사랑에 굶주린 세상을 본다
십자가를 통해 사랑에 목말라 하는 세상을 본다

그리고…

십자가를 통해 나를 본다

십자가야! 십자가야! 세상에서 누가 제일 깨끗하니?

(…… .)

귀향

당신이 밟고 지나간
밀밭 사이로
당신의 발자국이 남습니다

당신이 고향을 떠나온 지
서른하고도 두 해

이제 당신은 결코 짧지 않은
삶을 마감하고
그리운 아버지가 계신 곳
친구들과
앞서 떠난
많은 사람들이 있는
그 고향으로 돌아가야 합니다

당신이 사용하던 그 낡은 의자와
남겨놓은 낡은 노트는
당신이 없는 이 도서관의 빈 공간에
아무렇게나 놓여 있고

당신이 즐겨 찾던
이 포도밭의 풍성한 열매는
당신이 돌아오실 그때까지
그 자리에서
기다릴 것입니다

철탑 위의 노래

어머니, 나 기어오를래요
두 손 잡아 걸음마를 가르쳐 주신 그 두 발이 아닌
태어나서 막 기어 다녔던 그 네 발로 기어오를래요
부서진 손톱 사이로 피멍이 들어
깨어지고 사산死産된 꿈을 안고
30미터 철탑 위를 기어올라갈 수 있도록
어머니, 뒤에서 저를 잡아 밀어 주세요
숨이 끊어진 벗들의 속 깊은 통곡소리를 들으며
뿌연 흙먼지를 토닥토닥 발로 밟아
굽어진 등을 펴서 쐐기벌레처럼 나 저기로 기어오를래요
붙어버린 등가죽이 채찍에 벗겨져 내리고
짓밟혀 오그라진 빈 생수통을 입에 물고
내 이름을 불러주는 그곳으로 오를래요
철탑 아래는 불이 붙어 바다를 이룹니다. 어머니,
바벨의 후예, 단절된 원탁의 자리마다
검붉은 불길이 치솟아 오릅니다. 어머니,
사람들은 피를 토하고 구역질 소리를 해댑니다
뿜어 나오는 절규 속에서 법원의 사망 선고가 내려집니다
변심한 민중의 지팡이에는
그 싹마저도 씨가 말라

더 이상 꽃이 피어오르지 않습니다
어머니, 철탑은 전도체입니다
우리의 마음에 빛을 전하는 생명선입니다
산에서 산으로
빌딩에서 빌딩으로
끊어지지 않는 고공의 숨죽이는 서커스 곡예를 거쳐
어머니, 나 저 위에서 불길을 옮겨 놓을래요
응답을 기다리며
하늘과 가장 가까운 곳으로 오를래요
싹이 나지 않고 열매를 기대할 수 없는
지팡이는 아래에 두고
불길 속에 던져두고
기도하는 마음으로 쐐기벌레처럼 굽었다 폈다
생명의 펌프질을 하며 저 위로
올
라
갈
래
요

가리베가스

가리봉동 벌집촌 벌개 위에 꿀벌이 날아든다
수천 킬로 바다를 건너
1.5평 안 되는 공간 속에서
꿀을 퍼 나르기 위해 벌통을 옮겨 놓아
날마다 죽어서 묻히는 연습을 한다
매일아침 긴 동면에서 깨어나
가리-가리 갈라진 가리봉 좁다란 골목길에서
푸석해지고 하얗게 질려버린 연탄재를 뿌리며
거리의 노제를 드린다
밤새 공을 친 낡은 노점수레 위에서
튀어 오르는 연어를 가로채 주린 배를 채우고
벌통에 가득 담긴 꿀을 찾으러
검정색 거죽을 뒤집어쓴 곰들이 낡은 철문 사이로 얼굴을 내민다
시꺼먼 공장 굴뚝 위로 연기가 솟아오르면
기계는 연신 Made in Korea 제품을 만들어내는데
그곳에는 깨끗한 백의민족 한국인은 없었다
Made in Foreign Workers 공장 문이 닫히고
먹으면 먹는 대로 쌓이고 삭여만 가는 빈곤한 가뭄
하루가 닫히는 밤은 그렇게 화려하지도 않고 따뜻하지도 않았다

찬 바닥에 등을 대고 가만히 드러눕는다
검정색 세단을 타고 사장님이 그냥 흘깃 보면서 지나간다
하얀색 SUV 승용차 위에 공장장님이 타셨다
노란색 트럭을 타고 노조위원장이 지나간다
왜 누워있느냐고 묻지도 않는다
목이 쉬어라 이름을 불렀다
여기에 그냥 온 것이 아니라고
불러서 찾아와 주기만을 기다렸다고
선한 사마리아인은 어디에 있느냐고
강도 만나 모두 빼앗겨버린 지난달 월급봉투는 어디에 있느냐고
아직도 더 동면에 들어야 하는데
단잠은 빼앗기고 하얀 연탄재만 죄 없는 행인에게 뿌려대고만 있다

*가리베가스 : 김선민 감독의 이주노동자 영화제 영화 제목, 가리봉동+라스베가스의 준말

나비의 꿈

소망을 잃고 벗어버린 지난 시간들을
다시 손가락으로 하나씩 세어 보이며
감사했는데
아직도 몸뚱이에 묻어 있는 덜 벗겨진
흔적으로 인해 몸부림을 친다
두 번 태어나 찬란했던 과거는 잊어버리고서야
빈 껍질 속에 그대로 가두어 놓은 채
속은 그대로 겉만 달라져

이제 막 플랫–폼을 벗어난
기차 한 대가 긴 터널을 빠져나왔다

십자가 피뢰침

세상을 향한 벼락 같은 꾸지람
그렇게 살지 말라고
벌거벗은 미개한 망상에서
깨어나라고
창끝에서 열리는 재판정으로 불려나왔다
하늘에서 처음 만나는 희생의 제단 뿔
인간이 받아야 할 욕정의 심판대
선악의 담벼락을 넘어
잘못은 우리가 범했는데
받아야 할 형벌도 내가 받아야 하는데
십자가 철탑 높다란 곳에 서서
말없이 아픈 매를 온몸으로 얻어맞고 있다

5부

인생

사금砂金

감흙 속에 묻어 있는 정결한 보배
땀내 나는 젖은 옷에 씨앗이 움터
수십 리 물길 속에서 금가루를 펴 날랐다
모래 속에 묻혀 있는 정함과 더러움
수십 번 씻고 걸러 정성을 드리고
돌티조차 아까워 입에서 입으로
훌훌 불어내
가슴패기 금박이 드러나도록
때 묻은 옷을 벗겨 내린다
시끄럽게 떠들어대는 악머구리들 모습은 없다
조잡스러움을 들추어내어 자랑만 하는
추태는 찾아 볼 수도 없다
우리 됨됨이가 사금만 같아라
금방 눈에 띄어 쉽게 팔려가는
화려한 금덩어리보다는
흙과 함께 잘게 부서지고 버무려져
보이지 않게 드러누워
나중까지 키질 되어 선택받는
끝자리 사람이 되고 싶어라

숯덩이

상수리나무, 떡갈나무, 굴참나무는
마치 세 자매와 같이 다정하다
고결한 순결을 지키며 평생을 함께 살아갈 것을 약속하지만
낯선 이들에게도 쉽게 자리를 내주는 후덕한 성격 때문인지 간혹 가다
세 자매에게는 반갑지 않는 손님이 끊이질 않는다
꽃이 피는 새봄에 시집가서 쓰려고 아껴둔
처녀막을 뚫고 나온 수액이 겨우내 점점 말라갈 때면
어디서 알았는지
양쪽 볼따구니에 욕심이 덕지덕지 붙은 다 자란 큰 장정壯丁들이
성숙한 처녀 몸뚱이를 가만 두지 않으려고
인정머리 없이 매몰차게 톱날을 들이댄다
아프다! 그만 좀 해라! 묵언默言의 외침을 해대지만
담배 꼬아 물고 비웃듯이 거침없이 산 속에서 유린한다
산에서도 양이 안 찬지
아궁이 한입에 쏙 들어갈 정도로 잘게 썰려
어느 것이 앞인지 뒨지 모두 한방에 가두어놓고
자물쇠로 철컥-
작은 숨통만 열어놓고 서서히 숨을 헐떡이며 불을 지핀다

80도에 숨이 막혀오고
아랫도리에서 지독한 냄새가 흘러나오더니
140도에서는 산산이 부서져 새하얀 살결이 새파랗게 질려가며
곡哭소리 한번 내보지도 못하고
새까맣게 화장을 하였다

시집 한번 가보지도 못하고
자식도 한번 품에 넣어보지도 못하고
평생을 남의 집 아궁이에 밑불만 대주다
일면식一面識도 없는 남녀 사이에 불만 지펴주면서
연한 처녀의 몸은 그렇게 검게 타들어가고 있었다

수의壽衣

뻣뻣하고 질긴 명命줄만큼이나
박정하고 모진 곳에서 삶아 내고 벗겨 내어
숨을 죽이면서 누런 금실을 뽑아 이어놓았다
표백되지 않는 삼실
그 순결한 첫 사랑만큼
처음으로 만나 영원한 난든벌이 되었다
죽어서도 혼자가 아니라
누군가를 만나 새롭게 시작하는 염습
그 혹독한 심판대 위에서
사는 날 붉은 제복을 벗고
향수에 몸을 씻어
두고 갈 세속의 냄새를 지워낸다
사람은 누구나 한 벌의 수의를 입어보기 위해 산다
중병에 걸려 죽을 날만 받아 놓은 무지한 생명은
단 한 벌의 좋은 수의를 사서 입기 위해
태어나고, 장가가고, 시집가고 평생 돈을 모은다
그리고 떠나가는 날
스스로 입어보지도 못하는 수의를 옆에 놓고
남 앞에 그대로 벌거숭이가 되어 버린다
죽어서야 산 자와 둘이 비로소 하나가 되었다

동심결同心結

마음을 두고 가지 말라고 함께 가져가라고
몸 구석구석을 굵은 띠로 질끈 동여매었다
우리는 스스로 입어보지도 못할
단 한 벌의 좋은 수의를 사기 위해
평생을 그렇게 공력空力을 들이며 살아간다

육손나무

닭울-녘 육손나무엔
난쟁이 허리춤 추켜올리듯
동그란 새벽달이 걸렸다

6개 나뭇가지마다
달그림자가 하늘로 뻗어
오르락내리락
연신連信 아랫마을 소식을 퍼 나른다

마디 하나가 더 있어
육손이여
낙월落月에 산통을 겪어
탯자리 어머니 자궁 속에서 새끼 가지를 뻗어 올렸다

여섯 개 손가락으로 산을 들었다
여섯 개 발가락으로 달을 쳐 올렸다
아름다운 육손이여
부지런한 육손이여
하나도 징그럽지도 않는 완전한 육손이여
차별하지 말라고

하나도 버리지 말라고
고귀한 사귐의 지혜를 가르치는 생명의 가지여…

들놀음

들에 불을 놓아
갈대밭에 불을 놓아
들놀음을 한다
오광대놀이를 한다
달빛 줄기에 하얗게 불길이 번져
어깨를 들썩이며 들노래를 부른다

문둥이가 되어 가슴에 응어리진 한恨을 풀어 젖혔다
말뚝이가 되어 차양양반, 홍백양반 근본을 알 수 없어
입에 물린 재갈을 풀어내어 속이 후련하다
탈 밖으로 세상을 본다
탈 안으로 서럽도록 울고 있다
상놈, 양반, 귀천빈부 구분 없이
섣달 그믐날
기나긴 밤에 들놀음을 한다
어이야-어이야
불길을 잡는 소리
가슴에 바람난
처녀 마음을 잡는 소리

들에 불을 놓아
갈대밭에 불을 놓아 들놀음을 한다
오광대놀이를 한다
둥그런 보름달을 꼭 껴안아
반 정도로 으스러지도록
구성지게 놀아본다

골리수(고로쇠) 나무의 일기

지리산 반야봉엔
2월이면 산 아래 사내들의 발걸음이 끊이지 않는다
추운 서릿발을 한몸에 받아
몸속 깊숙이 빨아 올린 진액을 애써 모아두면
어느새 알았는지 단단한 몸뚱이에 드릴로 구멍을 뚫고
빨대를 꽂아 놓아 조금씩 혈관을 타고 아래로 흘러 보낸다

하나도 아니고 수십 군데 구멍을 내
아예 볼썽사나운 고슴도치를 만들어놓았다
날씨 좋고 청명한 날엔 한 방울도 남김없이 아래로
쭉쭉 빨아댄다
눈물을 모으고 진물까지 받아내어
고로롱–팔십 노인의 병수발까지 해댄다

산마을에는 봄이 찾아들려면 아직 멀었는데
봄단장을 하려면 아직은 더 준비하고 기다려야 하는데
호아록색 꽃들을 피우려면 서너 달은 기다려야 하는데
껍질까지 벗겨놓아 모양새를 무색하게 만들어 놓았다

오늘밤에는 긴 겨울잠에서 깨어난

포수의 화살에 맞아 내 눈물을 마시고 나았다던
그때 기억을 해대고 찾아온 반야봉 반달곰을 쫓아 보내야 한다
아래 마을 사내들에게 잡히면
드릴로 배에 구멍이 뚫려
쓰려고 아껴둔 쓸개마저 빨아 갈지 모르기 때문이다

공동경비구역

반세기 동안 아무도 찾아오지 않던 곳
하늘과 땅이 만나 결혼을 하고
출산의 고통을 거쳐 대지 위에 자식을 낳았다
강이 막혀
산이 막혀
끊어진 백두대간의 기운을 빨아들여 덜 자란 기형아를 낳았다
등이 붙어 사람에게 샴-쌍둥이로 불리다
얼굴 한번 서로 보지 못한 채
딱 달라붙은 등가죽이 서로 부딪쳐
피투성이가 되었다

하나가 울면 하나가 눈물을 닦아주고
하나가 아파하면 하나가 마음을 보듬어 주는
몸뚱이는 비록 둘이 붙어 하나지만
하나가 죽어야 다른 하나가 살지만
등에 붙은
가시들이 하나씩 벗겨질 때가 되면
먼 훗날
빈차리 같은 이곳은

둘이 함께 손을 잡고 나란히 뛰어다니는 날이 오겠지

죽어야 할 병이 더 이상 죽지 않아도 되는 병처럼
가벼워질 때가 되면…

개조심

남의 집에 들어갈 때는 꼭 대문 앞에 개 조심 푯말이 있는지 보거라

귀가 아프도록 들은 울 어머니 당부말씀이다 모르는 집에 놀러 갔다가 개에게 물어 뜯겨 손등에 남긴 개 이빨 자국, 유년시절, 마음속 깊이 새겨진 아픈 기억의 흉터자리다

세월은 사람들의 발길을 빨리 옮겨놓았다 동에서 서로 남에서 북으로 시공을 넘는다 맹수는 아프리카 초원에서만 사는 것이 아니다 길을 잃고 본능대로 움직이며 닥치는 대로 받아 피를 뿌리며 거리 위에서 질주를 한다 사람들은 몸속 수분이 남김없이 빠져나갈 때까지 길을 잃고 헤맨다 길에서는 길조심 차조심뿐만 하는 것이 아니다 거리에 나온 개들은 목이 타는 갈증을 느끼지만 물은 마실 수 없다 목이 마르지만 물을 두려워한다 목줄이 제멋대로 끊어져 마지막 침 한 방울까지 질질거리며 거리를 싸돌아다닌다 마주치는 사람을 두려워한다 오랜 방랑 생활로 극도로 포악해진 집 나간 개들은 더더욱 무섭다 한번 물면 이빨에 고깃점이 박힐 때까지 놔주지 않는다 장소 구별 없이 발정이 나 어린 아이 구별 없이 아무 데나 쑤셔대 사람들을 무서워 떨게 하는 미친개들은 특히 피해가야 한다 입에 게거품을 물었다 보는 사람마다 치명적인 바이러스를 퍼트린다

대문 앞에만 개 조심 푯말이 있는 것이 아니다

만나는 사람의 이마마다 개 조심 푯말이 있는지 반드시 확인하라고 간밤에 꿈속에서 어머니가 다녀가셨다

전단지

성매매 특별법 제정을 위해 입에 거품을 무셨습니다
거리의 여성들은 얼굴을 가리고 마스크를 쓰고 다닙니다
청량리 588번지 전봇대에는 바람에 펄럭이며 날리는
찢어진 작은 전단지가 춤을 추며 걸려 있습니다

홀 아가씨 구함
나이는 적당하면 좋구요
숙식 제공
월 300 이상
가족같이 일할 사람

입에 막대사탕을 오물오물 빨며 그 아래로 아이가 지나갑니다
목구멍 깊은 곳으로 흘러 들어가는 단맛 나는 침을 삼킵니다
아이는 바지 지퍼를 내리고 막 소변을 보려다
무심코 전봇대 위를 쳐다봅니다
찢어진 전단지 뒤 구멍 속에 어렴풋이 글자들이 보입니다

소-변-금-지
싸면 확-

글자에 놀란 아이 얼른 내렸던 지퍼 올리고
도망을 쳐 골목길 어두운 안쪽으로 사라집니다

태극기 바람에 힘차게 펄럭이듯이
청량리 588번지 전봇대 위에는 찢어진 전단지가 힘차게 펄럭이고 있습니다

조선대학교 108계단

계단 수가 108개라 하던데
아무리 올라도 107개뿐이다
하나가 모자라다
숫자 하나 못 세고
끝까지 참아내지 못한 부끄러움도
내 낯가죽은 뚫지를 못했다
숨을 고르고 하나씩 다시 오르며
계단 하나에 잡념을 버리고
생각 하나씩 집어넣어 올랐다
이리 저리 엉켜 붙어
육체의 피지선에서
기름이 새어 나와 땀 반 기름 반
전신이 뒤범벅이 된다

고도근시 검정 뿔테 안경을 쓰고
시내를 돌아본다
저 아래 동네 사람들
무등산 자락 땅을 파고
신비하고 오롯한 안개 속에 집을 지어 산다
세상이 싫어 30년을 묻어 두어 하늘 위에

둥지를 틀었다. 그 위에 108계단이 있다
큰 소리로 하나씩 오르며 숫자를 세어보지만
올라와서 마치는 숫자는 108에서 하나 모자란 107개뿐이다
아무리 세어도 107개뿐
한참 계단 아래서 고민에 빠져 있을 때
옆에 오른 꼬마가 와서 슬며시 말을 건넨다

아저씨 계단 수를 셀 때 오르면서 세지 마시고
오르기 전에 미리 하나 세어 놓고 오르세요
그러면 108개가 돼요

아이가 가르쳐준 대로 하나를 세어놓고 오르니
딱 들어맞는 108개 계단이 되었다
계단을 오르면서 이제야 알겠다
태어날 때부터 왜 아이가 울면서 태어나는지를
그 울음이 비로소 가파른 인생길을 올라야 하는 시작인 것이
다

복사기

눈도 없고
귀도 없어
입만 살아 쓱쓱 소리만 질러댄다
자운영꽃이 자라있는 고향집 논에
풀어 놓은 염소 여물 먹듯이
종이 한 장씩 연신 삼키며 되새김질을 한다
똑같은 소리에
처음부터 마지막 한 장까지 일초도 틀리지 않게
뱃속 깊은 곳
내장까지 끌어내어 토해놓는다
늘 변하지 않아 애를 끓지 않아도 된다
그저 기다리면 차곡차곡 쌓여지는 무념의 기억
창조의 권리마저 빼앗겨 버리고
지겹도록 반복되는 일상 속에서
똑같은 생각에
똑같은 얼굴에
똑같은 몸짓으로
손가락 하나 꾹 원하는 숫자만 눌러주면서
자동으로 흘러가는 시간 앞에 포동포동 살만 찌면 된다

거리에서 공룡을 만나다

수억 년 전 화석 속에서만 잠자던 공룡이 다시 살아나 길거리를 배회합니다 그리고 아무런 대책 없이 대문 앞에 커다란 알을 하나 까놓고 도망을 칩니다 알 속에는 다른 알이 숨어 삽니다 알이 자라 껍질을 깨어 부술 때 즈음 새끼 공룡은 밤을 맞이할 것입니다 도시의 밤은 해가 지지 않습니다 햇빛은 수천가지 색 빛깔들을 뿜어냅니다 사람들의 얼굴은 수백 종의 공룡 얼굴이 되어 갑니다 가는 곳마다 거리에는 공룡의 알로 넘쳐납니다 밤사이 알 속에서 공룡의 어린 새끼들이 껍질을 뚫고 나옵니다 새벽 이른 아침 청소부 아저씨는 껍질 속에 남아 있는 끈적거리는 액체를 치우느라 정신이 없습니다 덩치가 큰 놈부터 작은 놈에 이르기까지 거리에 풀어 놓은 대책 없는 녀석들은 미친 듯이 발광을 하며 짝짓기를 합니다 주린 배를 채우는데 인정사정없이 닥치는 대로 잡아 빈 위장 속에 꾸역꾸역 채워 넣습니다 이곳은 무척 덥습니다 한낮의 뜨거운 열기는 굳어버린 시멘트 바닥 속에 저장이 됩니다 그런 후에 한밤을 서서히 달굽니다

열대야에 취한 열대 원시림 속에서 나서 죽고 육중한 몸짓에 비만에 절여 거리 위의 살아있는 모든 생물들은 수억 년 전 화석 속에 묻힌 바로 그 공룡의 모습입니다

사람은 죽어서 무엇을 남기나?

동물은 죽어서 가죽을 남긴다고 하자
그러면 사람은 죽어서 무엇을 남길까?
돈을 남기고 이름을 남기고 글을 남기고
살았던 흔적들이 종이 위에 묻어나겠지
한 반백 년 살고나면 종이도 누렇게 바래
좀이 슬어 사그라진다고 하자
아버지의 아버지도 돌아가시고
자식의 자식들이 내 자리를 밀고 올라올 때쯤이면
도로가 좁다하여
집 대문 앞에는 매일같이 포클레인
불도저들이 나타나 산 길 사이를
두 동강이를 내겠지
마른하늘에 벼락 치듯 그런 황당한 날이 온다고 하자
난데없는 공사판 벼락에 허리가 잘린 앞산 도롱뇽은
어디로 가서 몸을 피하고 있을까?
몇 푼 안 되는 돈을 쥐어주고 집을 비워 달라 한다
몇 대를 거쳐서 이곳에서 봉분을 쌓아 올렸는데
이제 그만 나가주시라 허리가 잘린 도롱뇽
한 마리가 밤새 몰래 잘려진 바위틈에서
고개를 쳐들고 숨을 쉰다

죽어서 무엇을 남길까? 허리가 잘린 가죽껍데기를
이리 저리 벗어 놓고
오늘도 건너편 마을에 가 수다를 떨겠지
할아버지를 잃고 기역자 구부러진 할머니 푸념소리에
몸이 꺾어져 가고
공사판 삽자루에 허리가 꺾어져 가고
산 넘어 붉은 해가 등선 너머로 꺾어져 사라져간다

티라노 다시 살다

쉬는 날 잠 좀 자려고 눈을 막 붙이려는데
6살짜리 아들놈이 옆에 와 책을 떡 펴고 하는 말
백악기 티라노사우루스 몸길이는 14미터라고
아빠 키에 적어도 8배는 더 클 것이라고
몸무게는 7톤이 넘는다고 자랑한다
티라노사우루스를 알기 전까지 세상에서
아빠 키가 제일 크다고만 했는데
180이면 적은 키도 아닌데
요즘 세상에 저마다
키가 작아 고민이라고 하는데
점점 배신감이라도 할 수 없는 부아가 치밀었다
나는 그대로인데 아이는 점점 자라고 있었던 것이다
백악기 타라노는 죽은 동물이다
살아서는 돌아오지 않을 생물들
딱딱하게 굳은 화석 속에서나
만날 수 있는 죽은 파충류인데
그 녀석 말에 세뇌를 당하다 보니
티라노가 갑자기 두려워지기 시작한다
아들의 티라노를 꿈속에서라도 만나면
용감하게 싸워주어야 한다

꿈에서 티라노의 발톱이 천정에 붙어 있고
이빨은 지붕 위에 걸려 있다
밀려오는 화산재에 뼈까지 녹아버려
단단한 화석 위에 건물 층수만큼이나 올라갔다
몸길이 8배나 되는 티라노와 키재기를 하고
티라노처럼 먹고 배 둘레만 키운다
이제 막 공룡 껍질 속에서 깨어난 새끼들처럼
티라노보다 더 키가 크고 강하다는 모습으로
아들 앞에 매일 서야 한다는 생각에
얼른 책을 덮어 버리고 등을 지고 돌아눕는다

외할머니와 5일장

5일에 한번 서는 장터 바닥을 쓸고 돌아다니다 돌아가신 우리 외할머니 가장 좋아하는 숫자가 3자하고 8자라고 합디다. 3, 8, 13, 18, 23, 28일 1년 365일 달력마다 빨갛게 색칠하고, 80년 넘게 살아온 세월만큼 꼭 그 자리에서 시집가고 병든 남편 병수발까지 해대면서 그래도 3자하고 8자 날만 오는 것이 삶의 유일한 낙이라고 새벽 아침에 문을 열고 잔뜩 부풀어 오른 마음으로 전쟁터에 나가는 장수답게 할머니 주름진 이마를 흰 수건으로 질끈 동여매고, 그날 가지고 나온 물건 다 팔고 장터국밥에 땀 한 줌 말아 드시고 피 같은 쌀을 파는 싸전, 장터 바닥에 자리를 펴 앉아 파는 자리전, 콩만 뒈지게 부치다가 파는 두태전, 앞마을 갯벌에서 잡아 올려 징글징글한 남편 밥상에 올려 바칠 건어물전, 집 뒤편 텃밭에서 캐다가 파는 채소전, 돼지고기 소고기 머리통을 질끈 눌러 고추 풀어 넣고 해장국으로 투전판 도박꾼 속쓰리는 마음을 달래주는 피전, 정갈하게 썰어 온돌방 뜨뜻하게 데워주는 나무 파는 나무전, 양지 바른 곳에서 꾸벅 꾸벅 졸던 닭을 잡아다 내다 파는 닭전거리, 김을 모락모락 피워 장터에서 오신 손님들 코를 간질간질 유혹하는 떡전마다 들려서 5일장 소문을 내고 돌아다니는 할머니 굽어진 등 너머로 제법 큰 돈 오가는 장터에서는 한몫 잡으리라 그토록 바라고 소원하던 우시장이 보입니다 그래도 5일 준비해서 읍내에 나와 목욕하고 몸단장 깨끗이 하고 할아버지 사줄 담배통 하나 먼저 사서 허리춤에 넣고 장바닥에 앉아 사람구경, 돈 구경 그래도 3자 8자 끝나는 날이 서러운 인생살이 시집살이 한방에 날려주는 기분 좋아지는 날이라고 언제 한번 육신 팔자 제대로 펴려나? 연신 앞니 두 개 남은 쭈글쭈글한 입술을 내보이며 돌아가시기 전까지 비 오는 날 장바닥에 눌러 앉아서 그렇게도 좋아하십디다

모기

잘 계획된 시나리오에 일 년에 한번 올까 하는
잔치 날 밤, 서울시청 앞 광장에는 사람들이 모인다
깜깜한 공간에서 미세한 틈을 비집고 자리를 잡았다
도시는 한낮에 달구어 놓은 뜨거운 열기로 아직 식지 않았다
사람들의 눈은 붉게 충혈되어 가쁜 숨을 몰아쉬며
몽유병자처럼 헤매다 백야白夜의 밤을 맞이한다
덮어 놓고 아무나 퍼질러 앉지는 않는다
그리고 아무 데나 쑤셔대지도 않는다
거의 본능처럼 단단한 콘크리트 바닥에
가늘고 날카로운 철봉을 박아 놓고
막 피가 솟구쳐 오를 것 같은
도시의 혈관에 붉은 기둥을 세워놓는다
기둥 속에 빨려 들어가는 생명은 한 번도 굳어본 적이 없다
광장 안에 모여 앉아 있는 사람들
피를 나누는 형제들처럼
한배에서 태어난 다정한 자매들처럼
거리에서 향불을 피어놓고 둘러앉았다
몽롱한 기분으로
붉게 부풀어 오르는 육체의 말초末梢 자리 위에서
서로에게 히죽거리면서 박수를 치고 있다

제 몸에서 피가 새어 나오는 것도 모르고 말이다

● 詩作노트 ●

이 시집에 담겨 있는 모든 시들의 주제는 더디게 살아가는 삶을 이야기하는 슬로시티slow city다. 그러나 한편으로는 더디지만 그 속에는 과거로 회귀하려는 몸부림이 아니라 새로운 생명의 창조를 향한 처절한 외침이며, 간절한 소망을 이야기한다. 마치 겨우내 묵은 토양 속에 양분을 빨아들여 생명의 가지를 뻗어 올리려 하는 봄과 같은 희망찬 기운을 시를 통하여 노래하려고 한다.

> 바람이 불다 이곳에 다다르면/한번 쉬었다 가려고/숨을 참는 곳
>
> 산-골창 깊은 속까지/시간을 넉넉히 셀 수 있어/모두가 스르릉-스르릉

구십 넘은 할-어버이 논꼬에 물을 대고/마디 갈라지고, 손바닥 살 거죽에 금도
세월 속에 지워져/뭉툭한 두 손으로 논밭에 김을 매며/가지 말라고 천천히 스르릉-스르릉

매봉산 아랫마을 어귀에/수백 년 잠을 자려고 누운 늙은 돌담들이/바람을 품에 안아서 함께 재워 버리는 곳/숲정이에 사는 숲 쥐도/토담집 흙벽을 뚫어/천장에 둥지를 틀고/단잠에서 깨어나지 말라고 천천히 스르릉-스르릉

모든 것을 제자리로 돌려놓아/한반도 태양 아래에/시간이 멈춰/생각도 쉬었다 가고
행동을 뒤로 하여 숨을 참았다가/힘껏 앞으로 나아가는/세상에서 가장 행복한 섬

그곳은/청산도靑山島라네

—「슬로시티 1」

청산도는 하나의 섬을 대신하지는 않는다. 청산도는 현대문명을 살아가는 모든 이들이 바라고 가보고 싶어 하는 자신들의 고향이기도 하다. 그곳은 마치 우리네 어머니와 아버지가 계신 곳, 물 한 잔 떠 넣고 객지로 떠난 자식들을 불러들이는 마음의 고향이다. 더디지만 더디지 않는 곳, 봄을 기다리고 희망하는 사람들이 모여 있는 곳이 바로 슬로시티이며, 이 슬로시티는

각박한 도시에서 살아가는 모든 이들의 삶의 마지막 바램이다.

사람은 섬에서 태어나고 섬에서 자란다. 섬은 숨을 쉬게 해주는 마음의 고향이다. 그러한 섬이 지금은 비어만 간다. 해가 갈수록 이 땅의 섬은 사람이 살지 않는 무인도만이 늘어난다. 자고 일어나면 바닷가 갯벌에서 자라는 생명은 하나둘씩 사라져간다. 사람이 태어나지 않는 곳, 사람이 떠나는 곳은 마른장마와 같이 먹을 물마저 고갈이 된다. 섬에서의 마실 물은 생명과 연결이 된다. 섬에는 물이 귀하다. 충분한 비가 내려도 방죽에 겨우 차는 정도로의 양만 남기고 모두 바다로 빠져나가 버린다. 우리의 사는 인생도 이와 같다. 살아가면서 모든 것을 누리며 사는 사람이 이 세상에서 얼마나 될까? 겨우 자신이 먹고 살만큼의 양만 남기고 나머지는 빠져나가버린다. 체내에 흡수되는 최소한의 물의 양만 남기고 나머지는 생리작용을 통해서 몸 밖으로 배설해버리는 것이다.

섬이란 바로 그와 같은 곳이다. 사람이 살다가 빠져나가고, 죽어서 빠져나간다. 해변의 모래 뜰도 문명의 이기 앞에서 바다로 줄줄 빠져나간다. 갯벌이 사라지고, 매년 줄어드는 갯벌의 생명 앞에 사람은 섬에서 살아온 정신마저 빈약해지고, 피폐해진다. 섬마을 갓난아이의 울음소리도 끊겨버리고, 아이들의 뛰어놀던 어느 외딴 초등학교 운동장에는 잡풀만이 어지럽게 자라난다.

오늘 우리가 살아가는 이 땅의 섬의 현실이다. 더 이상 바닷가 생명이 찾아오지 않는 섬은 호흡을 하지 않는다.

섬에는 물이 귀하다/숨이 막히고 마른 섬은 더 이상 먹을 것을 주지 않는다/썰물 시간에 개펄에 나가보지만 그곳에서는 민물이 나오지 않는다/악에 받쳐 부러진 손톱으로 죽은 펄만 벅벅 긁어댄다/구멍 뚫린 하늘 위에서 뜨거운 햇빛이 쏟아져 내린다/사람들 마음에 구멍이 뚫려 있다/그 구멍에 담겨있는 물마저도 말라버렸다

—「섬 1– 마른장마」 중에서

살아온 인생살이 너머로 구멍이 뚫리고, 그 구멍 속의 생명마저도 말라만 간다.

소금기 비릿한 냄새는 지금까지 섬에서 태어나고 자란 사람들의 생활을 그대로 보여준다. 그리고 우리가 살아가고 있는 삭막한 도시 위에서도 사람들로 넘쳐나지만 정말로 함께 이야기하고 정을 나누며 미래에 대한 소망을 바라보며 살아야 할 진정한 사람다운 사람이 없어져 또 하나의 무인도가 되어간다. 우리가 서있는 곳이 그 어디든지 사람들 사이의 물이 말라만 가고, 갈증을 적셔줄 생명수를 기다려야만 한다.

생명의 분출구를 찾아 섬이든 도시든 사람들은 헤매고 그 속에서 길을 잃고 다시 길을 찾기도 한다. 무엇을 위한 간절한 찾음인가? 인생에서 발견되는 가장 값진 보물들이 그냥 길을 지나가다 무심코 발에 채여서 땅 위로 빛을 보는 순간, 사람들은 저마다 기쁨의 탄성을 발하며 그 보물을 외면하지 않을 것이다.

그 보물은 발견한 그에게 있어 무엇을 의미하는가? 물질 만

능주의 시대를 살아가는 현대인들에게는 그 보물은 단지 의·식·주에 필요한 돈일 것이다. 학교에서 지식을 연마하며 가르치는 스승이나 제자들에게 있어서는 진리를 의미하며, 병원에서 죽어가는 이들에게는 한순간의 고통이 없는 기적과 같은 치유가 될 것이며, 저마다의 살아가는 영역 속에서 자신의 것 중에서 바라고 소원하는 가장 최고의 것, 최선의 것을 의미할 것이다. 무명의 시인에게 있어서는 단 한 편의 시가 사람의 심금을 울리며, 함께 시를 통해서 이야기할 수 있는 기회만이라도 찾아온다면 더할 나위 없이 산다는 것에 만족함을 누리게 될 것이다.

이 모든 것조차도 누리지 않는 사람, 아니 누리지 못한 사람이 있다면 그 사람은 아직도 그곳에 갇혀 빠져 나오지 못하고 있는 사람, 무인도에 홀로 갇혀 살아가고 있는 사람일 것이다. 내가 아는 사람들 사이에서 본 인생의 석양夕陽은 그렇게 아름답게만 보이지 않았다. 산다는 것 자체를 고통스러워하며 살아가는 사람들이 더 많았다. 사람들 사이에서 이리저리 차이고 물질에 묶이고, 권위에 묶여 고립되어간다. 그 가운데서 작은 일상의 생활 속에서 행복을 찾으려는 모습도 그들에게 있어 잠시 머물다 사라지는 그러한 기쁨에 불과하였다. 누구나 길고 오랜 삶의 기쁨과 행복을 누리면서 살기를 원한다. 그들에게 무엇을 어떻게 어디로 가면 그것을 찾을 수 있겠다고 말해줄 수 있을까?

하루하루를 숨이 가쁘며 바쁘게 살아가고 있는 사람들을 위해서…

마음의詩 27
슬로시티Slow City

초판인쇄 2009년 9월 25일
초판발행 2009년 9월 30일

지 은 이 한용재
펴 낸 이 김충규
펴 낸 곳 문학의전당
출판등록 제387-2003-00048호(2003년 9월 8일)

주　　소 121-718 서울특별시 마포구 공덕동 404번지 풍림VIP빌딩 202호
전화번호 02-852-1977
팩시밀리 02-852-1978
블 로 그 http://blog.naver.com/mhjd2003
전자우편 mhjd2003@naver.com

I S B N 978-89-93481-34-1 03810